What Time of Day Is It?

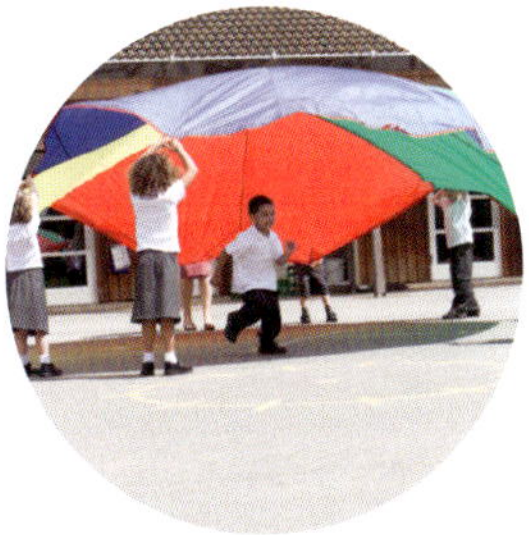

Written by
Stephen Rickard

Ransom

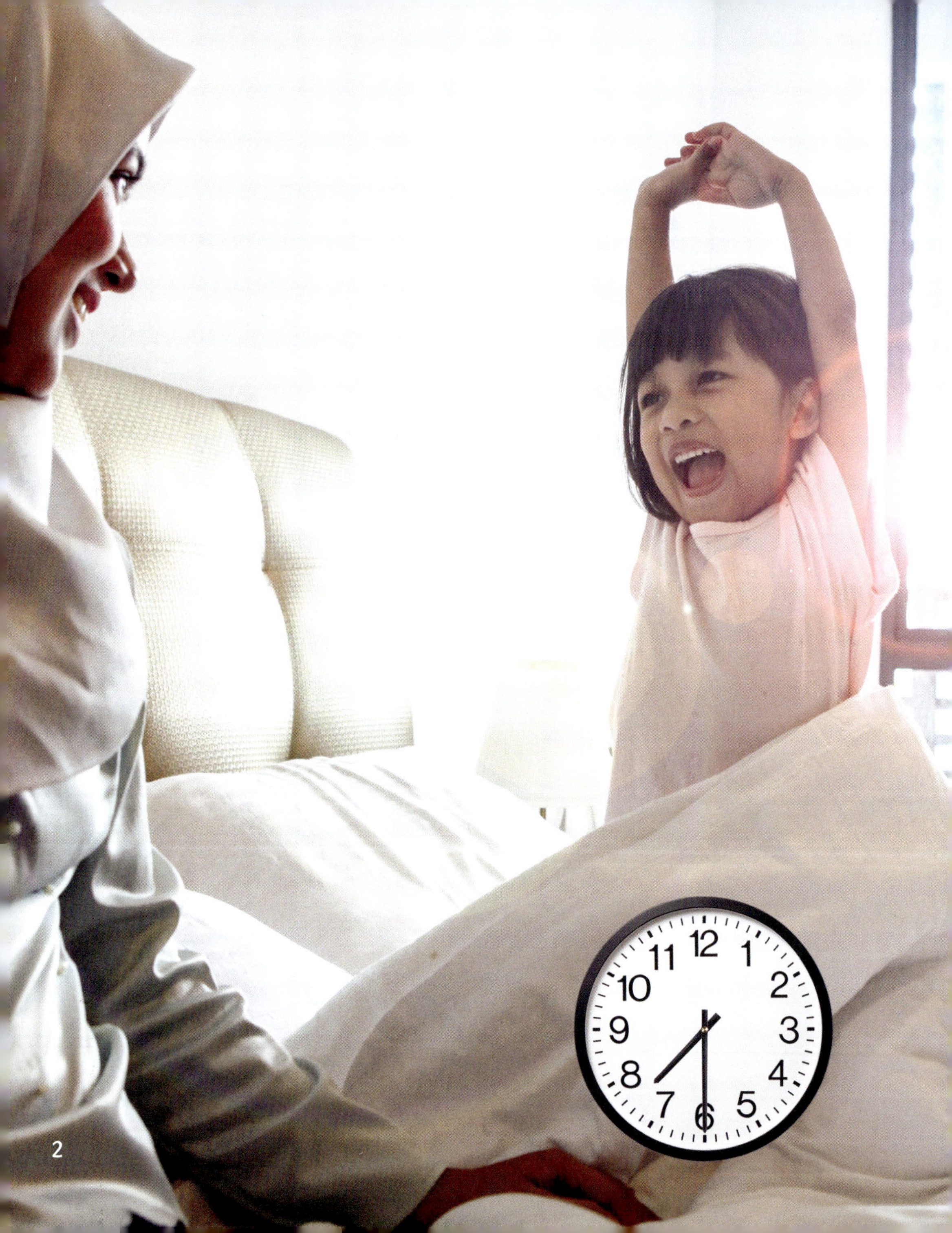
12
1
2
3
4
5
6
7
8
9
10
11

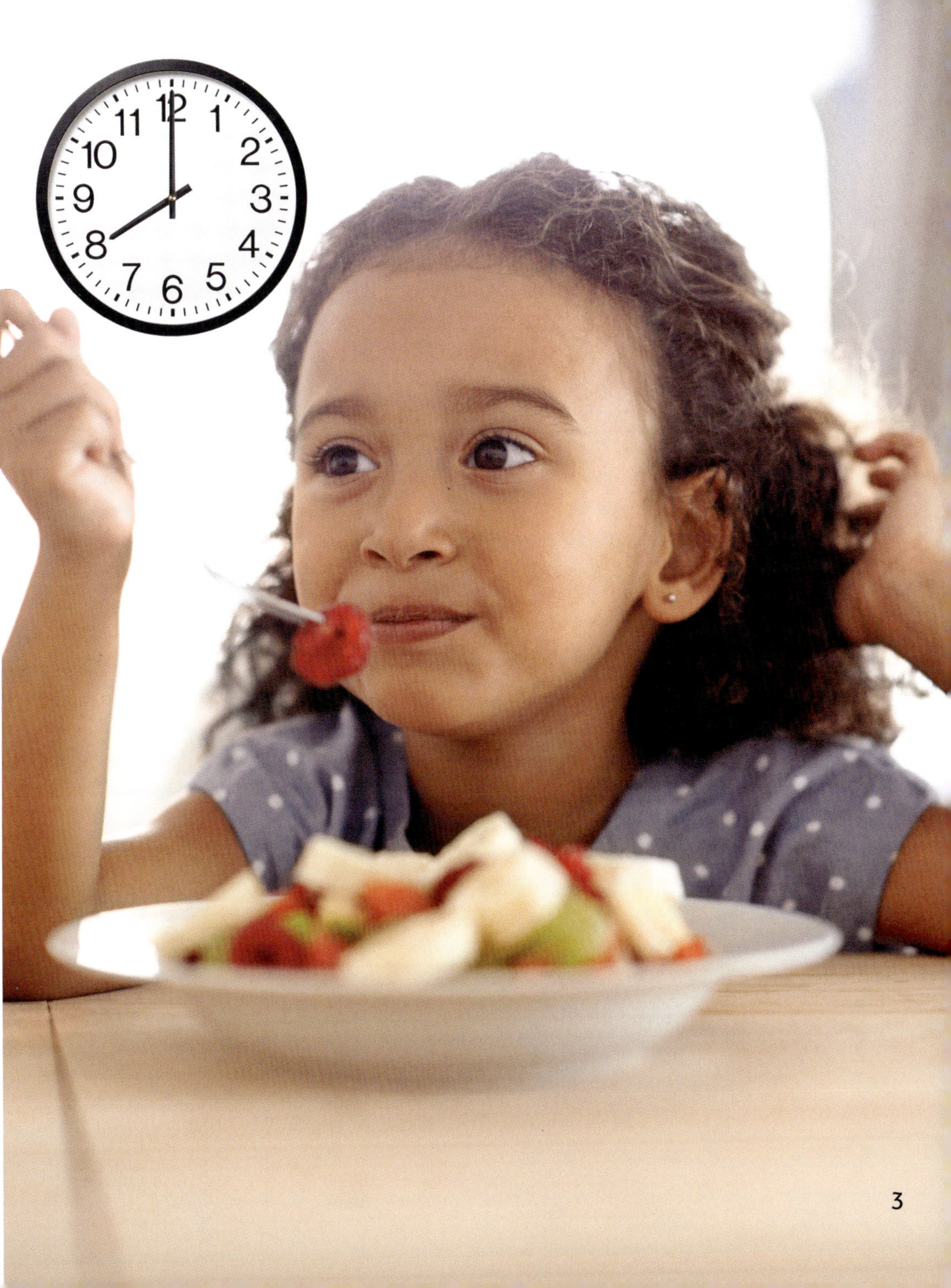
12
1
2
3
4
5
6
7
8
9
10
11

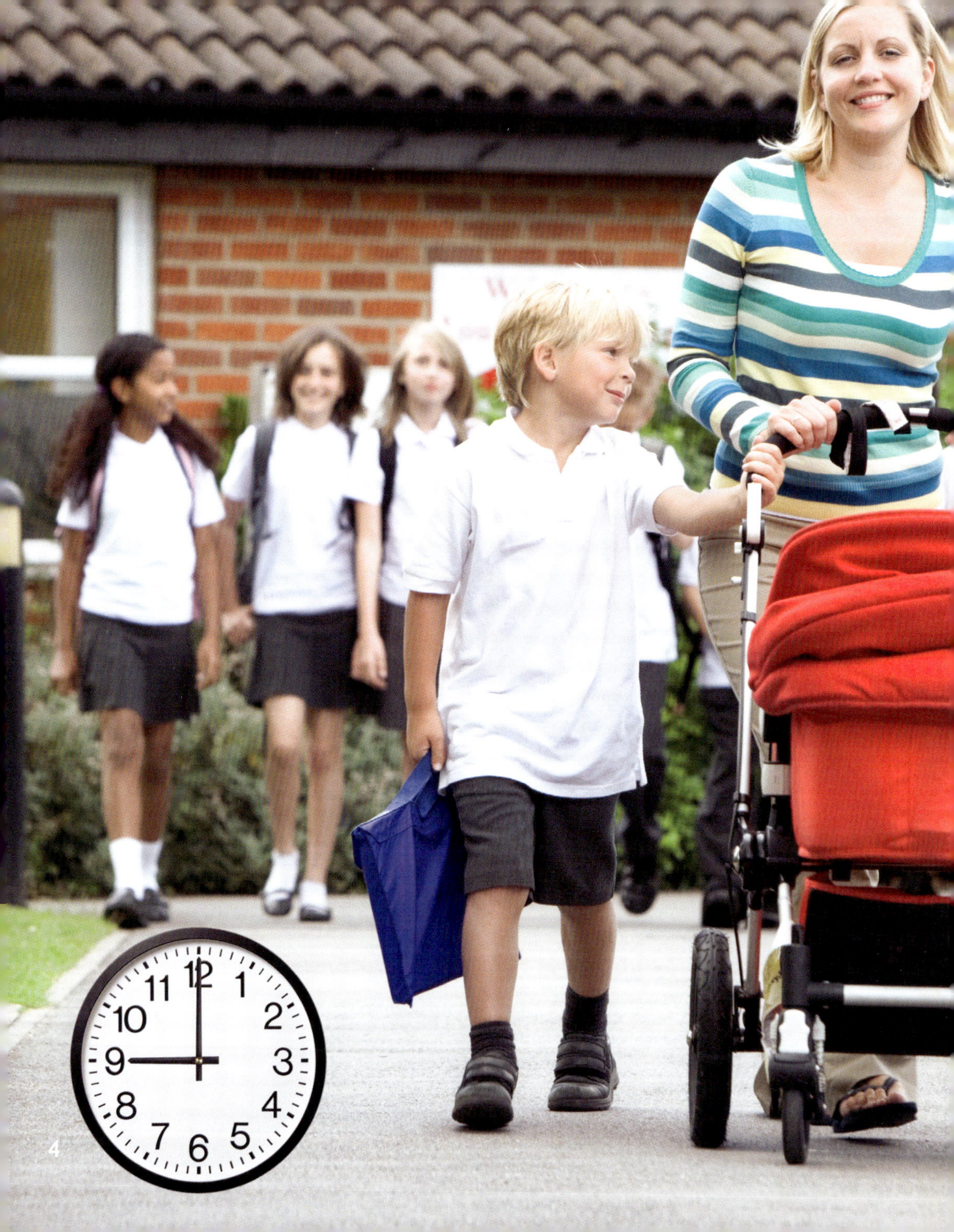

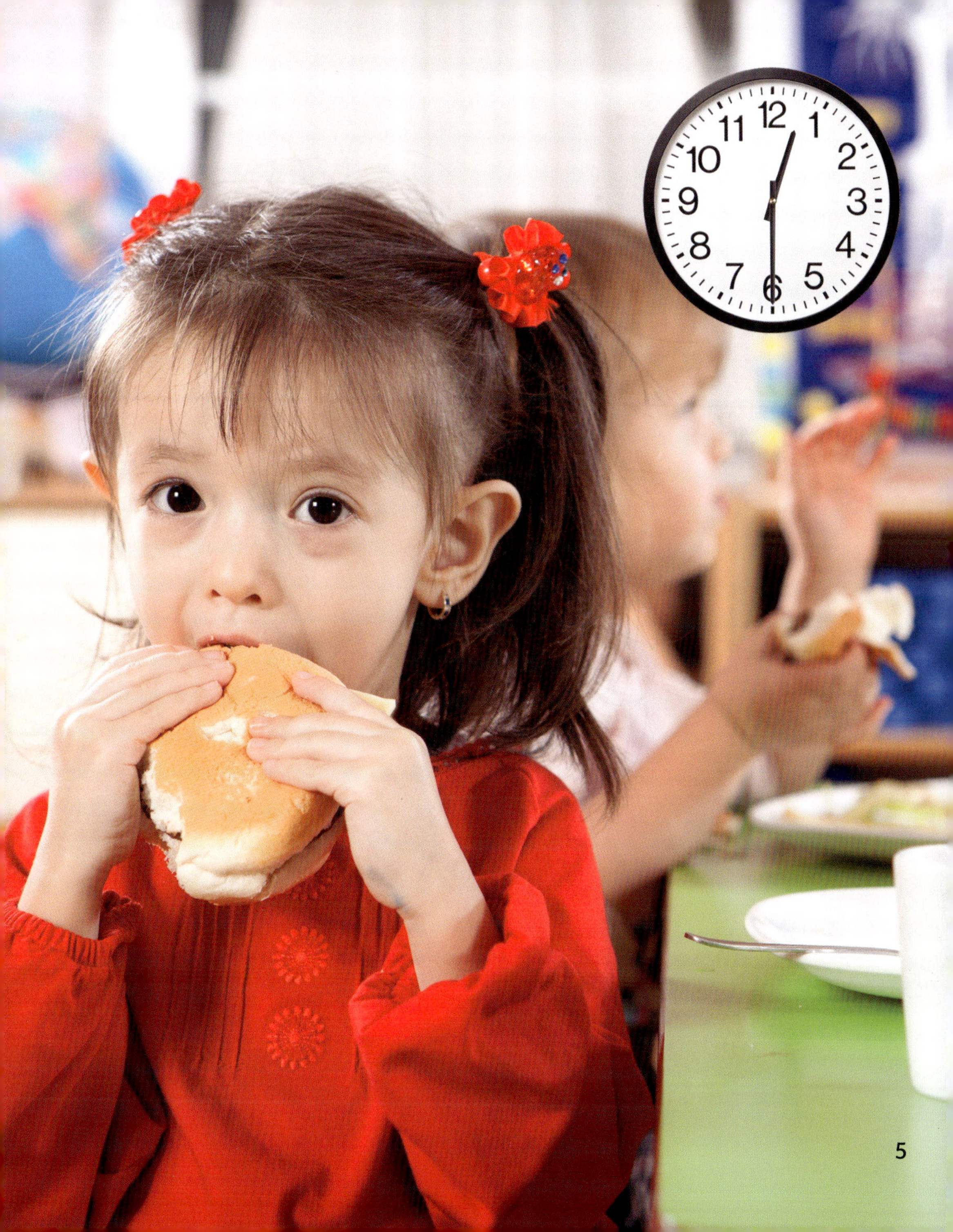

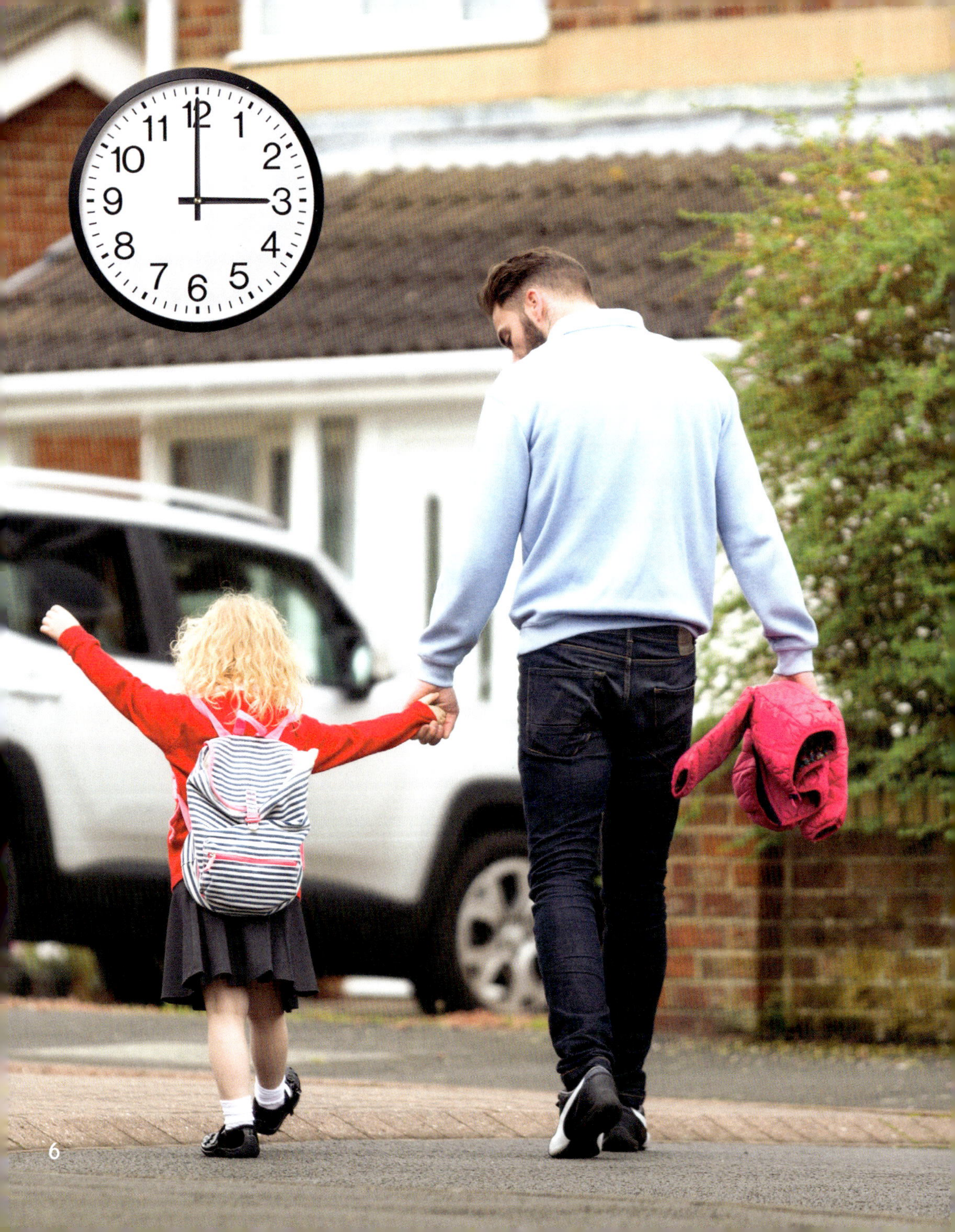

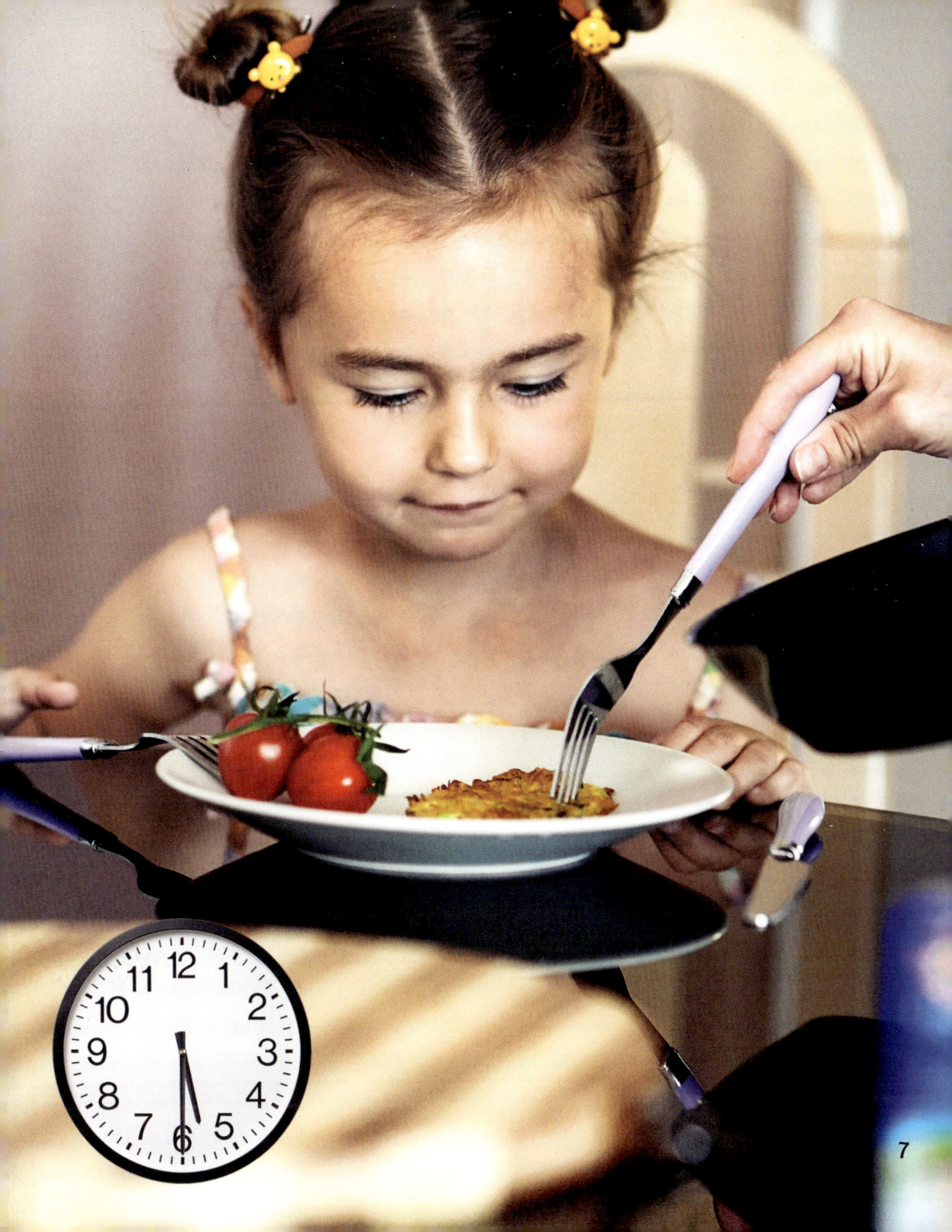

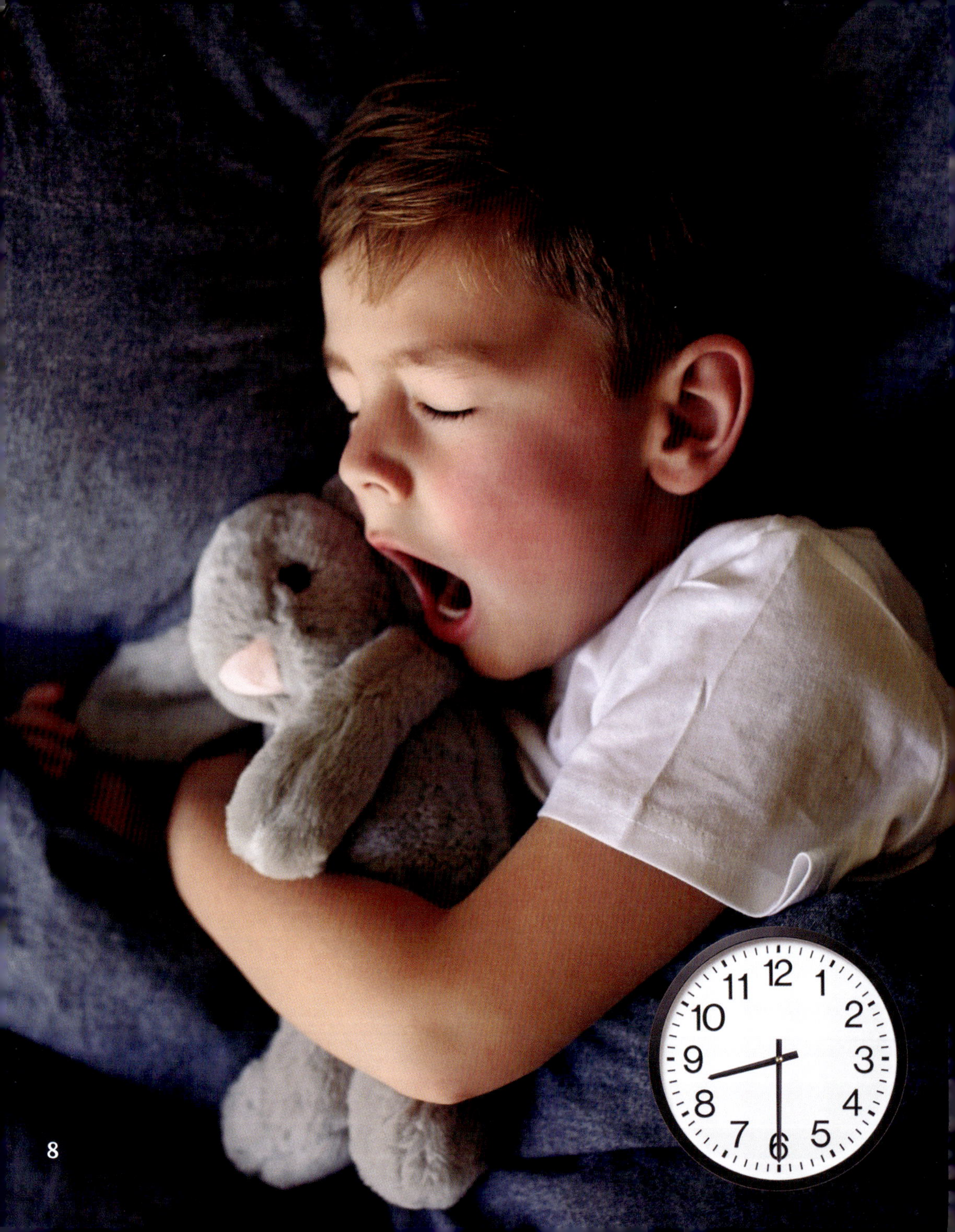
12
1
2
3
4
5
6
7
8
9
10
11